H. Louis ISRAËLS
DOCTEUR EN DROIT, AVOCAT À LA HAUTE-COUR DES PAYS-BAS

ÉTUDE

SUR

LE RÉGIME DES MINES

DANS LA RÉPUBLIQUE SUD-AFRICAINE

(Extrait du *Bulletin de la Société de législation comparée.*)
Séance du 16 mars 1900.

PARIS
IMPRIMERIE GÉNÉRALE LAHURE
9, RUE DE FLEURUS, 9

1900

H. Louis ISRAËLS
DOCTEUR EN DROIT, AVOCAT A LA HAUTE-COUR DES PAYS-BAS

ÉTUDE
SUR
LE RÉGIME DES MINES
DANS LA RÉPUBLIQUE SUD-AFRICAINE

(Extrait du *Bulletin de la Société de législation comparée*)
Séance du 16 mars 1900.

PARIS
IMPRIMERIE GÉNÉRALE LAHURE
9, RUE DE FLEURUS, 9

1900

ÉTUDE SUR LE RÉGIME DES MINES

DANS LA RÉPUBLIQUE SUD-AFRICAINE

L'attention du monde entier est attirée en ce moment sur l'Afrique du Sud, ensanglantée par une guerre terrible, qu'on a nommée : la guerre de l'or. Quoiqu'il me semble que les mines aurifères du Witwatersrand ne soient pas la seule et unique cause de la guerre, je ne peux nier que, dans les événements qui ont précédé le commencement des hostilités, la mine transvaalienne et son régime n'aient joué un rôle important surtout sur l'esprit public.

Cette considération m'a paru pouvoir légitimer auprès de vous une communication dans laquelle, en écartant toute question de politique militante — si justement bannie de notre Société — j'examinerai les grandes lignes de la législation minière transvaalienne.

Bien loin d'y trouver des défauts de nature à expliquer l'exaspération de la lutte à laquelle nous assistons comme spectateurs attristés, cet examen nous fera connaître le législateur sud-africain comme un travailleur très minutieux, quelquefois très verbeux même, toujours très actif et disposé à faire marcher sa législation avec le développement de l'industrie. Nous le trouvons préoccupé de la sauvegarde des intérêts des faibles et des petits, et à la recherche d'un règlement pouvant faire prospérer une grande industrie, qui dispose d'énormes capitaux, tout en évitant l'accaparement de cette industrie par quelques très gros capitalistes. Je n'ose pas dire qu'il ait entièrement trouvé la solution voulue, mais non plus, qu'il ait entièrement échoué, et son succès relatif n'est probablement pas étranger au conflit armé actuel.

Pour nous en rendre compte, je dois, avant l'analyse du système, vous demander quelques minutes pour un aperçu historique.

Aperçu historique.

La République Sud-Africaine date de 1852, c'est-à-dire de la reconnaissance par le gouvernement britannique de l'indépendance des Boers qui avaient participé au grand *trek*. Les *trekkers* se partagent le territoire immense ouvert à leur activité. Chaque Boer reçoit une ferme, (*plaats*), c'est-à-dire un terrain d'environ 2.500 hectares. Ces fermes sont enregistrées et reconnues comme propriété privée. Les indigènes noirs conservent leurs terres ou reçoivent des terrains à eux réservés spécialement, les *locaties*. Tout le terrain non occupé par les *plaatsen* et les *locaties* est proclamé propriété de l'État.

Les Boers sont chasseurs, éleveurs de bétail et, si le sol le permet, cultivateurs. Leur industrie est tout à fait primitive et uniquement pour leurs besoins personnels, très restreints. D'une industrie minière, il n'y a pas ombre, et même, la première fois que le mot « minerail » est mentionné dans la législation transvaalienne, nous le trouvons dans un décret du 22 septembre 1858, obligeant, pour éviter toute exploitation privée, les propriétaires de fermes où l'on trouve du minerail, à vendre ou à louer leurs fermes à l'État, à des conditions équitables.

Une année après, le 21 septembre 1859, le vent a tourné, et un décret décide que l'exploitation des mines sera favorisée dans la République et donnée à des sociétés privées par voie de concessions.

L'ordonnance n° 5 de 1866 contient le premier règlement sur les mines. On n'y parle pas d'un droit de l'État sur le tréfonds, mais on autorise l'exploitation en donnant des concessions contre paiement d'une redevance. Cette redevance est calculée sur le produit brut, et fixée à 1 1/2 pour 100 pour les mines de cuivre, à 1 pour 100 pour les mines d'étain, et à 1/2 pour 100 pour les mines de plomb, de fer et d'autres métaux. La très courte ordonnance (elle ne compte que six articles) ne parle pas des mines d'or, mais contient déjà l'obligation pour celui qui trouvera des métaux précieux d'en aviser le gouvernement, pour qu'il puisse prendre des dispositions spéciales.

Vers 1870, le premier gisement d'or — un or alluvial — est découvert, et, en juin 1870, l'État se réserve le droit exclusif à l'exploitation de tous les terrains diamantifères ou contenant des métaux précieux. Provisoirement on se borne à ajouter à l'ordonnance de 1866 un article fixant la redevance à 21/2 pour 100 pour les mines d'argent, et à 5 pour 100 pour les mines d'or.

Le 21 décembre 1870, une nouvelle décision promet une récompense publique à ceux qui découvrent des terrains aurifères. Ces découvertes ont réellement lieu.

La loi n° 1 de 1871 est la première « loi de l'or ». A partir de ce moment, la législation minière de la République Sud-Africaine se divise en trois branches : la loi de l'or, réglant les mines de métaux précieux ; la loi minière, réglant les autres mines, et, plus tard, la loi contenant la réglementation des mines, laquelle traite des dispositions techniques communes à toute exploitation minière.

Déjà, dans la première loi de l'or, nous trouvons le principe qui est resté la base de toute cette législation : « Le droit de disposer et de rechercher toutes les pierres précieuses et tous les métaux précieux appartient à l'État ». Sous la dénomination de « métaux précieux » la loi comprend l'or, l'argent et le mercure à l'état natif. Nous trouvons également déjà dans cette première loi le système des licences, la somme fixe, une sorte de patente payable par mois, pour laquelle l'État donne l'autorisation de travailler les champs aurifères. L'établissement des règlements concernant l'exploitation des terrains aurifères, qui deviendront plus tard « les réglementations des mines » (*mynregulaties*), est encore attribué à un comité des mineurs, élu par eux. Cette institution du Comité des mineurs se maintient longtemps dans la législation, mais ses attributions vont en diminuant, et, actuellement, elle a entièrement disparu. Les Chambres des mines, qui fonctionnent à présent sur le Rand, sont des groupes libres n'ayant qu'un caractère privé sans aucun pouvoir législatif, et ne sont même pas des corps consultatifs comme les Chambres de commerce.

En 1872, intervient une nouvelle loi de l'or, la loi n° 2, et, le 14 mai 1873, nous trouvons la première proclamation transvaalienne par laquelle un terrain dans le district de Lydenburg est proclamé champ d'or.

La loi suivante, la loi n° 7 de 1874, emploie déjà l'expression « claim ».

Cette première exploitation de l'or provenant d'alluvions ne dure pas longtemps, elle est à peu près abandonnée, et la République Sud-Africaine, elle-même, disparaît provisoirement. En 1877, le Transvaal se voit incorporé dans les possessions britanniques.

Pendant la période de la domination anglaise, il n'y est pas question d'exploitation aurifère, ni de législation sur cette matière.

Mais quand, en 1881, le Transvaal a reconquis sa liberté, son législateur s'occupe, de suite, de l'industrie aurifère et, en novembre 1881, on retire la proclamation du champ d'or faite en 1873, et l'on revient à l'ancien système des concessions. L'année suivante on maintient ce système, et, tout en continuant à délivrer des licences de prospecteur, on pose à leur obtention des conditions tellement difficiles, que nous ne pouvons plus y voir une application du système des claims.

La loi n° 1 de 1883 reste fidèle aux concessions, mais commence tout de même à régler les claims. Les concessions seront délivrées aux propriétaires du sol et à des sociétés privées. Les claims sont reconnus à ceux qui ne sont pas propriétaires, leur étendue est limitée à des carrés de 150 pieds, et il est stipulé qu'une seule et même personne ne peut posséder qu'un seul claim.

En 1884 on trouve de l'or dans le district de Sheba, et, le 28 juin 1884, la loi de 1883 est modifiée et amplifiée, de façon à donner plus d'importance aux claims, et d'autoriser leur amalgamation. Cette amplification est approuvée le 27 octobre 1884, et, le même jour, le Volksraad décide que l'État ne donnera plus de concession sur des terrains lui appartenant, mais autorise les propriétaires d'une ferme à en demander sur leur terrain privé. Le 14 novembre 1884, la concession délivrée à M. Ebden est encore adoptée comme modèle devant servir aux concessions futures.

La loi n° 8 de 1885 rompt entièrement avec le système des concessions. Nous y trouvons déjà tous les éléments principaux de la législation actuelle. On y parle pour la première fois des *mijnpacht* et on règle plus amplement le système des proclamations et des claims, institutions sur lesquelles je reviendrai tout à l'heure.

La loi de 1885 coïncide avec la découverte, au Witwatersrand, de gisements de quartz aurifère et contribue, par son système ingénieux, au développement immense de l'industrie aurifère transvaalienne. Ce développement est tellement rapide, que le législateur se trouve dans l'obligation de remettre sa législation chaque année sur le chantier. Nous avons une loi de l'or de 1886, une de 1887 (n° 10), de 1888 (n° 9), de 1889 (n° 8), de 1890 (n° 8), de 1891 (n° 10), de 1892 (n° 18), de 1894 (n° 14), de 1895 (n° 19), de 1896 (n° 21).

La dernière loi de l'or, celle que je vais examiner plus en détail, est la loi n° 15 de 1898, et si, depuis, nous constatons un arrêt de près de deux années dans le développement rapide de cette législation, nous ne pouvons pas en faire un grief au législateur transvaalien, qui a été distrait de son travail inachevé par la préoccupation dominante de la défense de l'existence même du pays.

La législation minière transvaalienne actuelle n'est donc pas une œuvre terminée, tirant les dernières conséquences des principes arrivés à leur point culminant; elle n'est qu'arrêtée momentanément, pour être reprise plus tard dans les jours calmes et plus heureux.

Le premier point à examiner du système transvaalien concerne la recherche de l'or.

LA RECHERCHE DE L'OR.

Tout propriétaire peut rechercher si sa propriété contient de l'or, mais il doit en aviser préalablement l'autorité. Il peut faire cette recherche par lui-même et s'y faire aider par quatre employés blancs, au maximum. Il peut également permettre à un prospecteur, par autorisation écrite, de faire des recherches sur son terrain. Le prospecteur doit posséder sa licence. Cette licence est valable pour six mois, mais elle peut être prolongée. Le propriétaire faisant lui-même la recherche n'est pas tenu d'avoir une licence.

L'État peut faire faire des recherches sur les terrains lui appartenant par des fonctionnaires du département des mines.

Aucun homme de couleur n'a le droit de rechercher de l'or, ni de l'exploiter. Les indigènes qui ont une *locatie* peuvent demander au gouvernement d'autoriser les recherches de l'or sur ce terrain réservé. Le chef noir et son conseil peuvent présenter des prospecteurs auxquels le gouvernement donnera, de préférence, cette autorisation, mais le gouvernement reste libre dans son choix et fixe toujours les conditions de l'autorisation.

Nous trouvons ici un des caractères de la loi transvaalienne, qui est, comme le peuple de la République Sud-africaine, un mélange d'éléments divers. Cette idée de limiter le droit des noirs, mais de les protéger en même temps contre l'abus que les prospecteurs et exploitants blancs pourraient vouloir faire de leur ignorance économique ou de leur manque de prévoyance, est du pur hollandais. Vous trouverez les mêmes soins et les mêmes restrictions de capacité dans le régime des indigènes aux Indes néerlandaises; l'Anglais ne connaît pas cette relation du frère aîné avec son cadet.

Si, d'une façon ou de l'autre, le propriétaire ou le prospecteur a trouvé de l'or dans un terrain, il est obligé d'en aviser le commissaire des mines le plus proche, dans les sept jours après la découverte. Ensuite, le département des mines fait examiner officiellement si dans le terrain signalé l'or se trouve en quantité rémunératrice. Cet examen officiel ne coûte rien, et tout ce qui précède n'est qu'une préparation.

Si la quantité est suffisante et si le gouvernement veut ouvrir le terrain signalé à l'exploitation aurifère, il lance une proclamation. Si le gouvernement refuse la proclamation et si le terrain est une propriété privée, le propriétaire a le droit d'exiger que le gouvernement lui délivre un *mijnpachtsbrief* sur son terrain.

Avec la mise en exploitation nous pouvons nous rendre compte de la différence entre le système des concessions et le système des claims.

LE SYSTÈME DES CONCESSIONS.

L'ancien système des concessions était, au Transvaal, le même qui existe en Europe pour les mines de charbon, de fer, etc. Une société ou, quelquefois, une seule personne obtient, par concession gouvernementale, le droit d'exploiter les richesses du sol sur un terrain d'assez grandes dimensions. L'acte de concession limite ce terrain et règle plus ou moins minutieusement le mode de l'exploitation, les garanties contre des lésions éventuelles des droits de l'État ou des tiers, la redevance à payer, soit sur le produit brut, soit sur les bénéfices, etc. La concession est toujours un contrat entre l'État et une personne ou une société privée, nettement désignée.

Mais l'État ne contracte pas avec tout le monde. L'obtention d'une concession demande des démarches multiples; elle est précédée d'une enquête sur le concessionnaire et très souvent grevée par le versement d'un fonds de garantie ou par des charges qui ne sont pas inhérentes à l'exploitation. Tout cela coûte cher; il y a des dépenses plus ou moins élevées pour l'obtention; il faut un capital pour l'installation, pour la garantie, pour la redevance, etc., de sorte que seuls les capitalistes peuvent obtenir la concession d'une mine.

LE SYSTÈME DES CLAIMS.

Ce système, par contre, est une organisation de l'industrie minière, basée non point sur le capital, mais sur la force musculaire du mineur.

Le claim est une invention anglo-américaine, introduite dans l'Afrique du Sud par les chercheurs d'or de la Californie et de l'Australie. L'idée, comme le mot, est anglais et représente dignement l'élément anglais dans la législation minière du Transvaal. Le mot *claim* signifie en langue usuelle : un droit qu'on fait valoir, une exigence. Dans la législation minière, le mot a obtenu deux significations techniques : 1° une parcelle de terrain minier; 2° le droit de travailler cette parcelle pour en extraire le minerai en descendant verticalement.

La caractéristique du système des claims, c'est que *toute personne* qui remplit quelques conditions légales, — être de race blanche, se soumettre aux lois du pays et avoir payé ses contributions ou être exempte de contribution, — peut commencer une exploitation minière, même si elle ne possède pas autre chose que la force de ses bras, quelques très simples outils et quelques shillings pour payer sa licence pendant le premier mois. Par le système des claims, dans sa forme primitive, l'industrie minière est organisée sur la base de l'occupation effective. Le développement de la grande industrie aurifère au Transvaal y a fait subir à cette forme primitive des modifications très importantes, mais la nature, l'essence juridique du système sont restées les mêmes.

Un terrain est signalé comme contenant de l'or, et l'examen fait par le gouvernement a constaté que l'or y est en quantité suffisante pour l'exploitation. Alors le Président de la République, d'accord avec le Conseil Exécutif, peut lancer la proclamation par laquelle ce terrain est déclaré « champ d'or public ». Si, plus tard, ce terrain devient trop pauvre pour l'exploitation par claims, la proclamation peut être retirée par une nouvelle proclamation contraire.

Par suite de la proclamation, le terrain est virtuellement exproprié, bien qu'en théorie la propriété du sol reste au propriétaire (personne privée ou l'État). Mais, à partir de ce moment, ce propriétaire doit tolérer que des tiers exploitent son domaine et le remuent non seulement à la surface, mais jusqu'à telle profondeur qu'ils jugeront utile. La proclamation ne rend pas ce domaine terrain public, mais jette dans le public le droit d'exploiter ce terrain pour en extraire le minerai, en donnant ainsi naissance à un droit immobilier spécial, séparé de la propriété, le droit minier (*mijnrecht*), dont nous trouvons plusieurs traces dans la législation transvaalienne. Juridiquement, la proclamation a donc pour effet de détacher, en ce qui concerne le terrain proclamé, le droit minier du droit de propriété et de lui rendre une vie propre.

Le droit minier appartient à l'État, du moins en ce qui concerne le minerai précieux. Le propriétaire d'un terrain aurifère n'a pas le droit de l'exploiter lui-même avant que l'État n'ait détaché le droit minier par la proclamation. Le propriétaire a la faculté de laisser dormir indéfiniment ce droit minier, en n'autorisant pas la recherche du minerai sur sa terre, mais, une fois cette recherche autorisée ou faite par lui et prouvée fructueuse, les décisions concernant le droit minier dépendent de l'État seul, et pour jouir de la partie importante qui lui est réservée de ce droit minier, ainsi que nous le verrons tout à l'heure, le propriétaire offre plutôt son domaine à la proclamation du champ d'or public, qu'il ne s'oppose à la mutilation de son droit de propriété devant en résulter.

Les terrains proclamés champ d'or public sont de dimensions différentes; ils sont limités par la configuration du sol et l'étendue des propriétés. Le plus petit terrain compris dans une proclamation est d'environ 1000 hectares, mais il y en a de plus grands, de 6000 hectares et davantage.

Quand le droit minier est ainsi détaché, on en réserve d'abord la partie revenant au propriétaire, s'il y en a, et celle revenant à l'inventeur, à celui qui le premier a découvert l'or dans ce terrain, ensuite le reste est livré aux premiers occupants. C'est l'occupation effective d'un terrain minier, qui crée la protection et la reconnaissance d'un droit exclusif à extraire de l'or de la parcelle de terrain occupée.

Pour pouvoir occuper cette parcelle, il faut être muni d'une licence. La licence est un droit fixe, payé mensuellement et qui, sans garantir la propriété d'un claim quelconque, donne seulement le droit d'en avoir. Il y a deux sortes de licences minières : la licence de prospecteur, qui permet de rechercher l'or, et la licence de mineur, plutôt d'exploitant, dont le prix est plus élevé et qui permet d'exploiter le terrain que l'on a occupé.

La proclamation fixe, au moins trente jours à l'avance, le moment de l'ouverture du champ d'or. Ce jour-là les prospecteurs accourent de partout sur le terrain à ouvrir, et, tenant en mains leur licence, ils y posent les deux premiers piquets à une distance fixée par la loi (150 pieds) dans une ligne perpendiculaire sur l'axe du filon. Ces piquets indiquent l'endroit où le prospecteur veut travailler, la loi ayant fixé la largeur de la parcelle qu'il peut occuper sur chacun des deux côtés de la ligne des piquets (200 pieds).

Dans les sept jours après la pose des premiers piquets, l'occupant du claim doit poser les quatre bornes sur les quatre coins de son claim. Ensuite un géomètre fait la levée du terrain et l'occupant fait approuver ce plan par l'autorité compétente, après un délai d'au moins un mois, pendant lequel les réclamations éventuelles peuvent se faire jour. Le plan, une fois approuvé, a force légale et rend celui qui a posé les premiers piquets propriétaire du claim. Pour conserver cette propriété, il doit renouveler mensuellement sa licence et travailler sur le terrain; il peut aussi la céder à d'autres, qui auront les mêmes charges.

Il est évident que ce système assez primitif doit donner lieu à des contestations multiples, étant donné surtout que les porteurs de licence sont toujours inclinés à prendre plus de terrain que la loi ne le leur permet. Dans ce cas, un autre peut surpiquer, en plaçant des piquets dans les conditions légales. Le plan géométrique du terrain et le commissaire des mines décident sur le sort de ces réclamations contradictoires. Le commissaire des mines est également chargé de veiller à ce que l'on ne touche pas aux parties réservées du terrain, tant pour le propriétaire et l'inventeur, que pour ce qui est nécessaire à la chose commune, comme chemins, cours d'eau, villages miniers, etc.

Quand le travail d'occupation est terminé, le terrain proclamé se trouve théoriquement divisé en beaucoup de parcelles rectangulaires et de même dimension. L'étendue des claims diffère assez considérablement dans les différents pays. Le claim transvaalien sur le terrain quartzeux est un rectangle de 60 000 pieds carrés, environ 59 ares. En réalité le morcellement n'est plus poussé si loin au Transvaal, où la loi permet actuellement à une seule personne d'avoir et de piquer 50 claims à la fois. En outre, on peut acheter des claims et se servir de personnes interposées, pourvu que l'on y emploie des blancs, ayant chacun une licence à son nom, de sorte qu'il n'est pas difficile à quelqu'un d'avoir de suite plusieurs claims réunis. De même, l'obligation d'exploiter sans interruption, à peine de déchéance, a disparu.

Une autre modification du système primitif résulte de la reconnaissance des claims de prospecteur, ce qui est en contradiction avec le principe. Le prospecteur ne fait que chercher; aussitôt qu'il a trouvé la parcelle de son choix, et qu'il y a mis les deux piquets, il cesse d'être prospecteur, il devient occupant, et bientôt exploitant. Mais, pour restreindre autant que possible la période tumultueuse du piquetage et du bornage des claims, la loi a déjà donné protection au prospecteur aussitôt qu'il a posé ses deux piquets, en lui donnant la faculté de changer son claim de prospecteur en claim d'exploitant. A cet effet, il n'a qu'à prendre une licence d'exploitant et faire une déclaration au commissaire des mines.

Dernièrement, le législateur est allé plus loin, surtout parce que le système des claims est né de l'exploitation de l'or alluvial, à laquelle il est beaucoup plus applicable qu'aux terrains de quartz aurifère, où la surface n'indique pas la quantité contenue dans le sol, et où chaque parcelle a, à peu près, la même valeur. On a donc établi un système de lotissement préalable à l'ouverture. Après la proclamation, une carte détaillée du terrain est dressée, sur laquelle les parties réservées sont indiquées et le reste divisé en claims, dont les piquets sont placés par l'autorité. Ceux qui, le jour de l'ouverture, arrivent avec leur licence de prospecteur, n'ont donc plus à se ruer sur le terrain pour prendre le meilleur morceau; ils se partageront au bureau du commissaire des mines les claims par voie de tirage au sort, d'où, pour une seule et même personne, 12 claims au maximum peuvent sortir. C'est un des points sur lesquels la loi de 1898 a innové; la pratique n'a pas encore pu se prononcer sur l'utilité et l'organisation réelles de ce mode de partage. Il maintient, en tout cas, le claim comme partie autonome de droit minier, et laisse ouverte l'occasion de travailler l'or à quelqu'un qui ne possède qu'une seule licence.

La grande industrie, travaillant avec des installations très coûteuses, et à des profondeurs considérables, trouve le système des claims insuffisant. Il lui faut pouvoir obtenir d'un seul coup un terrain beaucoup plus grand sans dépendre de la bonne foi des personnes interposées, et sans avoir à négocier avec les propriétaires de claims situés au milieu des claims à elle. Elle a trouvé ce qu'il lui fallait dans les mijnpacht.

LES MIJNPACHT.

L'institution est d'invention africaine, le mot est hollandais, et signifie « bail minier ». L'origine se trouve dans la tendance gouvernementale de concilier l'exercice de son droit minier régalien avec l'attachement des *Burgers* à leurs droits de propriétaires. Au lieu d'expropriations trop onéreuses pour l'industrie aurifère naissante, le gouvernement a cherché à partager entre lui, les mineurs et le propriétaire, l'augmentation que subit la valeur du terrain quand le champ d'or remplace le pâturage, en faisant la part du propriétaire assez belle pour lever tous ses scrupules.

En premier lieu, l'État reconnaît au propriétaire le droit à la moitié des bénéfices qu'il retire lui-même du terrain, c'est-à-dire la moitié du montant des licences que les personnes exploitant des claims ou d'autres droits sur ce terrain doivent payer. Ici, nous rencontrons, de nouveau, un droit immobilier très spécial, droit parfaitement séparable de la propriété, transmissible à des tiers, et apte à avoir sa vie propre. Le propriétaire touche, par l'intermédiaire de l'État, sur la partie de son domaine livré à l'exploitation des tiers, une sorte de rente foncière, laquelle n'est pas, comme la dîme, calculée d'après le produit de la terre et ne vient pas non plus, comme la véritable rente foncière, en représentation d'un prêt d'argent. Néanmoins, cette rente est en relation directe avec la terre, car son montant dépend du nombre de claims, etc., entre lesquels le domaine est divisé, lequel nombre correspond à l'étendue du terrain.

Si l'exploitation cesse sur le domaine, les licences ne seront plus payées et le propriétaire ne touchera plus rien. Si, pour une cause quelconque, le gouvernement augmente la taxe des licences, le propriétaire profitera, sans faire aucun nouveau sacrifice, de la moitié de cette augmentation.

Il se peut que le propriétaire de claims achète ce droit du propriétaire du sol. Dans ce cas, il a le *dominium utile* de ces parcelles de terrain, pour ce qui concerne l'exploitation minière; il exerce le droit du propriétaire en se faisant rembourser par l'État la moitié de ses licences, et, néanmoins, le propriétaire reste propriétaire et rentrera dans la plénitude de ses droits de propriété par la cessation de l'exploitation minière de son terrain. La situation peut devenir encore plus compliquée, si le propriétaire du domaine y exploite, en même temps, une mine de minerai, non précieux, ce qui, légalement, est possible et, pratiquement, peut se présenter.

Cependant le versement de la moitié des licences n'a pas

paru constituer une indemnité suffisante pour le propriétaire. On lui a donc accordé encore d'autres droits. D'abord, il peut réserver la partie du terrain qui lui est nécessaire comme habitation ou cimetière et pour l'agriculture ou le pâturage de son bétail. Il a même la faculté de faire proclamer cette partie réservée, plus tard, par une nouvelle proclamation, comme champ d'or public, et d'exercer alors, de nouveau, les privilèges dont je vais parler.

Sur la partie ouverte à l'industrie minière, le propriétaire a le droit de se réserver, après les claims qui sont en premier réservés à l'inventeur, un certain nombre de « claims de propriétaire », dont le chiffre est fixé par la loi, en rapport avec l'étendue des terrains, et jusqu'à un maximum de dix claims. Ensuite, il peut réserver pour ses amis un certain nombre de claims également en rapport avec l'étendue des terrains, pour des terrains de 100 *morgen*, 15 claims; de 2000 *morgen*, 60 claims, etc., sans maximum. Ces claims sont nommés *vergunningsclaims*, claims autorisés, plutôt « claims de faveur. »

Enfin, le propriétaire a le droit, et il ne manque jamais d'en faire usage, de réclamer un *mijnpacht*, bail minier, pour un dixième de tout son terrain proclamé. Même si le gouvernement refuse la proclamation, il ne peut pas refuser le *mijnpacht*. La partie du terrain, exploitée en *mijnpacht*, doit être indiquée par quatre bornes très visibles, et un plan doit en être dressé et déposé.

L'exploitation minière ne s'y fait pas par claims, ni avec licences, mais d'un seul bloc, et contre une redevance fixe de 10 shillings (12 fr. 50) par an et par *morgen*. Le *morgen* correspond à 85 ares 38. La redevance fixe peut être remplacée par le paiement de 2 1/2 pour 100 du produit brut de l'exploitation minière. Le bail minier donné à cette condition est d'une durée de cinq à vingt années, et peut être renouvelé. Celui qui, avant la proclamation, a loué un terrain par bail notarié et enregistré, a le même droit qu'un propriétaire à réclamer un *mijnpacht* sur ce terrain pour la durée de sa location.

Tous ces avantages ont atteint leur but, qui était de faire rechercher les proclamations par les propriétaires, et, en même temps, ils ont fourni un moyen pratique de réunir des surfaces de terrain minier assez considérables dans une même main. En se réservant son *mijnpacht* et ses claims de propriétaire, en distribuant d'une façon adroite ses claims de faveur, en réclamant en outre tant pour lui que pour ses enfants, — les familles boers sont nombreuses, — les cinquante claims que chacun peut avoir en payant ses licences, en s'arrangeant bien avec la partie réservée, qu'il faisait proclamer plus tard, il est arrivé qu'un propriétaire boer réussissait à sauvegarder pour lui l'exploitation minière sur environ trois quarts de son terrain, ce qui était amplement suffisant pour en faire une grande société de mine.

Si les *mijnpacht* n'avaient pas existé, la poussée de la grande industrie, laquelle, pour pouvoir faire fructifier ses installations coûteuses, exige un champ d'action étendu, eût été telle que le régime des claims n'aurait pas pu résister. Ce sont les *mijnpacht* qui ont sauvé les claims. Dans aucun autre pays on ne trouve cette combinaison de *mijnpacht* et de claim, mais la République sud-africaine est également le seul pays où une très grande industrie minière voisine avec une toute petite.

L'AMALGAME DES CLAIMS ET L'ENREGISTREMENT SPÉCIAL.

Pour compléter notre aperçu du système transvaalien, il faut encore parler de quelques droits spéciaux.

L'amalgame des claims est autorisé pour ceux qui ont plusieurs claims se touchant les uns les autres.

Ils peuvent alors, en faisant dresser et approuver une carte officielle, se contenter du bornage de l'ensemble de ces claims, et faire de cet amalgame l'objet d'un enregistrement spécial, avec l'effet que les claims amalgamés forment ensemble un droit foncier apte à être donné en hypothèque. Le bail minier peut également être enregistré spécialement avec le même effet juridique.

LES CLAIMS D'INVENTEUR.

Ce sont des privilèges donnés à celui qui, le premier, a signalé l'existence du champ d'or. Auparavant, cet inventeur recevait une récompense nationale de 500 £ (12 500 frs.). Actuellement il reçoit 6 claims, avec cette faveur spéciale qu'il n'a pas à payer une licence pour l'exploitation de ses 6 claims aussi longtemps qu'il les exploite lui-même. En outre, l'inventeur peut encore demander 50 claims en dehors des 50 claims auxquels tout mineur peut prétendre et, sur ces 50 claims, il payera, pour le premier mois, une licence moins élevée; pour les mois suivants, il doit la licence ordinaire.

LES STANDPLAATSEN.

Ce sont les parties du terrain qui sont réservées à d'autres fins qu'à l'extraction minière.

Chaque mineur a le droit de bâtir sur son claim pour se loger soi-même et ses outils. On réserve également le terrain nécessaire pour les installations des machines. Si le terrain proclamé est assez considérable, l'emplacement d'un *standsdorp*, village minier, est réservé.

Le mineur n'a rien à payer pour son habitation située sur son claim, mais ceux qui veulent construire une maison sur un terrain proclamé, pour y exercer un commerce, ont à payer une licence, *standslicentie*, fixée à 7 1/2 shillings par mois pour un *stand* de 50 pieds sur 50, et à 11 1/4 shillings pour le double de cette étendue. Pour des machines, on peut obtenir un *stand* de 150 pieds carrés, sur une partie du terrain où il n'y a pas de minerai précieux et contre paiement d'une licence de 2 1/2 shillings par mois.

Si le terrain proclamé est une propriété privée, l'État verse au propriétaire 3/4 du montant des licences payées pour les *stand* sur ce terrain.

Il est défendu de changer les claims en *stand* ou les *stand* en claims. Il est également défendu d'établir un village minier sur les terrains exploités sous *mijnpacht*.

Le droit de préférence à un *stand* dans un village minier est valable pour quatre-vingt-dix-neuf années. Il est adjugé au plus offrant dans une vente publique organisée par l'État. L'acquéreur doit payer mensuellement la licence pour le *stand*. Le droit de *stand* correspond à l'emphytéose et peut, s'il est enregistré spécialement, servir comme garantie hypothécaire.

L'EAU ET LE BOIS

Le droit à l'eau est attaché aux droits miniers, claims ou *mijnpacht*. Si l'on s'en sert comme force motrice, une licence est due, d'après la force utilisée.

Également il faut payer les autorisations pour couper le bois et le transporter. Si c'est pour l'usage personnel et sur le terrain du gouvernement, le bois est gratuit, mais l'autorisation de transporter, chaque mois, une charretée de ce bois coûte 1 shilling par mois.

Parcourons brièvement, maintenant, la loi de l'or, *Goudwet*, actuellement en vigueur qui est

LA LOI 15 DE 1898.

Elle est promulguée dans le *Staatscourant* (*Journal officiel*) du 12 octobre 1898, et est entrée en vigueur le 1er novembre suivant. La loi est très longue, elle compte 153 articles et remplit 34 colonnes du *Journal officiel.* Elle est quelque peu confuse, car elle traite d'une foule de questions qui seraient mieux à leur place dans d'autres lois; par exemple, des mariages dans le district minier, etc.

La langue de la loi est la langue hollandaise, sa forme est plutôt anglaise, et les idées sont, comme je l'ai déjà relevé, un mélange d'idées anglaises, hollandaises et locales. La monnaie y est indiquée suivant le système monétaire anglais; les mesures employées sont les anciennes mesures hollandaises encore en usage dans l'Afrique australe. Dans une autre loi minière de la même année, celle sur la réglementation des mines, les mesures sont indiquées d'après le système métrique. Ce mélange peut nous paraître assez embarrassant, mais il est bien conforme à la situation et aux mœurs du pays, et n'y donne lieu à aucune difficulté sérieuse.

La loi commence par la définition de certaines expressions, et par l'énoncé des principes; le droit de récolter le minerai précieux appartient à l'État, et l'État s'engage à respecter les droits concédés antérieurement.

Pour ces droits existants, la loi édicte une règle que nous trouvons également dans d'autres lois transvaaliennes. Si, pour un motif d'ordre public, l'État veut reprendre une concession ou un droit acquis par une personne privée, et si cette personne ne le veut pas céder à l'amiable, le prix de la cession est établi par voie d'arbitrage. Chacune des parties désigne un arbitre, et ceux-ci désignent le tiers arbitre, qui décidera en dernier ressort, si les deux premiers ne peuvent pas se mettre d'accord. La République Sud-africaine ne considère donc pas comme une atteinte à sa dignité gouvernementale de se placer, dans des différends d'ordre privé, sur le même pied qu'un particulier.

Après avoir posé ces principes, la loi de l'or édicte encore, dans son premier chapitre, les règles générales concernant les pénalités. Les infractions aux prescriptions de la loi sont punies par

des amendes et quelquefois par la déchéance des droits miniers. L'amende peut être très élevée. En cas de non-paiement, il y a contrainte par corps, dont le maximum est fixé à une année, mais qui peut être aggravée par le *hard labour*.

Le chapitre II de la loi traite du département des mines.

LE DÉPARTEMENT DES MINES.

A la tête de l'administration gouvernementale des mines, il y a un Chef du Département des Mines, remplissant à peu près les fonctions d'un ministre, et nommé par le *Volksraad*, vis-à-vis duquel il est responsable. A ses côtés, il a un Ingénieur de l'État des mines et un Géologue de l'État, tous les deux avec leurs bureaux et les employés nécessaires.

Dans chaque district minier, il y a un Commissaire des mines. Si le district est très étendu, le Commissaire est assisté d'un ou de plusieurs clercs assermentés. Le Commissaire des mines, dans son district, ou son clerc, dans le sous-district, est le représentant de l'autorité dans le district minier. Dès la proclamation d'un champ d'or, le terrain proclamé, avec ses enclaves, est soustrait à la juridiction des autorités ordinaires. Si le gouvernement a nommé un *Landdrost* (préfet) spécial pour un district minier, le Commissaire des mines partage ses pouvoirs avec lui, sinon il est seul, dans son district, l'officier de l'État civil, le juge de paix, le juge administratif, l'autorité sanitaire, le percepteur des redevances, etc. De ses décisions il y a appel, soit au Département des mines, soit à la Cour d'appel, soit à la Haute Cour de justice à Prétoria. Le Commissaire des mines doit tenir une comptabilité très minutieuse, surtout des licences délivrées par lui.

Sur chaque champ d'or, il y a des Inspecteurs des claims, chargés de la surveillance quotidienne. Il y a, en outre, les Ingénieurs des mines pour aider l'Ingénieur de l'État, les Inspecteurs des chaudières, etc. Les géomètres-arpenteurs, qui jouent un si grand rôle dans le bornage des claims et le partage définitif du champ d'or, ne sont pas des fonctionnaires, mais doivent avoir une commission spéciale du gouvernement, ainsi que les officiers ministériels opérant dans les districts miniers.

A tout fonctionnaire du Département des mines, à tout Commissaire des mines ou clerc de commissaire, à tout *Landdrost* spécial, ainsi qu'à leurs femmes, il est expressément défendu d'avoir un intérêt quelconque dans une exploitation minière, même située hors de leur district, sous peine de suspension ou de renvoi.

Le chapitre III de la loi règle la recherche de l'or et l'exploitation des terrains aurifères.

LA RECHERCHE DE L'OR ET L'EXPLOITATION DES TERRAINS AURIFÈRES.

En parlant du système, en général, j'ai déjà indiqué les grandes lignes du régime transvaalien; je n'y ajouterai que quelques détails.

En cas de non-paiement de la licence pour un claim ou de la redevance d'un *mijnpacht*, ces droits miniers sont mis en vente publique dans les délais fixés par la loi. Néanmoins, le propriétaire du droit minier en souffrance peut, aussi longtemps que la vente n'a pas eu lieu, maintenir son droit en payant son arriéré avec une augmentation pour le retard. L'enregistrement spécial des claims, qui les rend aptes à servir de garantie hypothécaire, a en outre comme effet de prolonger les délais et formalités, en cas de non-paiement de la licence. Seuls, les claims avec licence d'exploitant peuvent être ainsi enregistrés.

Le propriétaire d'une concession ou d'un *mijnpacht* peut traiter avec des tiers qui désirent travailler sur son terrain et pour leur propre compte, pourvu que ces tiers payent leur licence d'exploitant. L'État verse au propriétaire les 3/4 du montant de ces licences.

Le gouvernement peut donner le *mijnpacht* d'un terrain lui appartenant, qui a été proclamé, mais qui est trop pauvre pour attirer l'exploitation par claims. On voit ici la transition du *mijnpacht* à une concession ordinaire et l'on peut donc définir le *mijnpacht* : une concession minière, délivrée à des conditions fixées d'avance pour tout le territoire de l'État, et non refusable au propriétaire du sol.

Si une tribu indigène est propriétaire du sol, le gouvernement peut décider qu'une partie de ce terrain sera donnée en *mijnpacht*. Si la *locatie* a été obtenue gratuitement par la tribu, elle aura droit à 1/4 du montant des licences des claims et des redevances du *mijnpacht*. Cette part devient 1/3, si la *locatie* a été en tout ou en partie achetée par la tribu. Le gouvernement règle la répartition de ces revenus entre le chef de la tribu et les autres indigènes, et prend soin que les terrains, nécessaires à l'habitation de la tribu, à la culture et au pâturage, restent réservés.

La licence de prospecteur, dont on peut en avoir 50, comme on peut avoir 50 licences d'exploitant, coûte, sur le terrain privé, 5 shillings par mois, et 2 1/2 shillings (3 francs) par mois, sur les terrains du gouvernement. La licence d'exploitant coûte 15 shillings par mois, mais, si les claims sont sur terrain d'alluvion ou s'ils sont exploités avec l'aide de machines pour la pulvérisation du quartz, le prix de la licence est de 20 shillings par mois. Pour pouvoir obtenir une licence, la femme doit être majeure, non mariée ou veuve, et l'homme doit avoir au moins seize ans révolus.

Sur le terrain d'alluvion, le claim est de 150 pieds sur 150, sur le filon de quartz aurifère le claim a 150 pieds de longueur, et 400 pieds de largeur.

Les piquets doivent avoir une hauteur d'au moins 3 pieds, et porter le nom de l'ayant droit et le numéro du claim. Il est défendu de placer des piquets, entre le coucher et le lever du soleil, ainsi que les dimanches et jours fériés.

Le caractère primitif du claim, comme produit de l'occupation effective et continuelle, se manifeste encore dans la faculté donnée au commissaire des mines d'exempter temporairement du paiement de sa licence le propriétaire d'un claim qui est tombé malade ou qui est appelé au service public dans l'armée ou dans la police.

Le chapitre IV de la loi contient plusieurs dispositions diverses en ce qui concerne les précautions à prendre contre tout dommage aux mines, claims, machines, routes, cours d'eau, etc., et une réglementation très détaillée sur le commerce, dans le district minier, du métal précieux non travaillé, sur l'emploi de travailleurs noirs, etc.

La loi de l'or contient encore plusieurs dispositions de détail que je passe sous silence, pour terminer en disant quelques mots sur les deux autres lois minières.

L'EXPLOITATION DU MINERAI NON PRÉCIEUX.

Elle a été réglée, en dernier lieu, par la loi n° 14 de 1897, entrée en vigueur le 3 novembre 1897. Cette loi ne compte que 17 articles, et est donc bien plus courte que la loi de l'or. Elle traite de tous les minéraux excepté l'or, l'argent et le mercure à l'état natif, et concerne également le soufre, le charbon, etc.

Contrairement à ce qui est la base de la loi de l'or, la loi sur le minerai non précieux part du principe que ce minerai appartient au propriétaire du sol, qui en a la propriété et la disposition.

Elle reconnaît la proclamation, par laquelle un terrain de l'État ou d'un particulier peut être proclamé « terrain minier public ». Sur le terrain compris dans une telle proclamation, tous ceux qui ont une licence peuvent occuper et exploiter des claims, mais, comme les licences ne sont données que pour une seule sorte de minerai, ils n'y peuvent récolter que le minerai pour lequel ils ont pris leur licence. Cette licence est calculée par bloc de 12 claims et coûte 10 shillings pour la première année entière, ensuite 5 shillings par mois. Si le terrain n'est pas proclamé, le propriétaire ou son locataire peut seul l'exploiter.

L'État se fait payer une redevance de 1 pour 100 sur la valeur du produit brut de toute exploitation de minerai non précieux, même par ceux qui paient déjà une licence. A cet effet, ces exploitants sont obligés de tenir une comptabilité minutieuse.

Plusieurs dispositions de la loi de l'or concernant le bornage des claims, l'emploi de l'eau, le bois, etc., sont également applicables aux terrains miniers non aurifères qui ont été proclamés.

LA LOI PORTANT RÉGLEMENTATION DES MINES.

Elle est applicable aux deux catégories d'exploitation minière. La loi actuelle publiée dans le *Journal officiel* du 24 août 1898 est la loi n° 12 de 1898. Elle compte 205 articles.

La surveillance de l'État s'exerce non seulement sur les mines proprement dites, mais elle s'étend sur les broyages de minerai, les installations pour traiter le minerai par voie mécanique ou chimique, les hauts fourneaux et tous les barrages ou conduites d'eau destinés à la mine.

La loi exige qu'il y ait dans chaque mine un surveillant-chef (*hoofdopzichter*, *manager*), inscrit aux registres publics comme la personne responsable vis-à-vis du contrôle de l'État. Pour être admis comme surveillant-chef, il faut posséder un certificat, obtenu à la suite d'un examen à subir devant une commission nommée par l'État. Pour passer cet examen, le candidat doit être âgé d'au moins vingt-trois ans, et doit avoir une pratique minière de cinq années ou un diplôme d'une école des mines reconnue. Le certificat de surveillant-chef peut être retiré si le diplômé par son incapacité ou sa négligence grave s'en est montré indigne.

La loi sur la réglementation des mines (*mijnregulaties*) comprend : 1° les mesures de protection pour la surface : les clôtures autour des puits, les piliers de protection qu'on laisse sous les *standplaatsen*, les routes, les chemins de fer, etc., au-dessous desquels la mine ne peut pas s'étendre, les mesures à prendre contre la contamination des eaux par les procédés industriels, celles à prendre contre l'incendie, etc.; 2° les mesures de protection pour la recherche minérale, le boisage des mines, l'épuisement, etc.; 3° les mesures de protection pour la sécurité des ouvriers, tant en ce qui concerne l'installation de la mine, que le mode d'exploitation.

Ces dernières mesures, très détaillées, comprennent la surveillance des chaudières, des machines, des câbles, des cages, des échelles, de la ventilation des galeries, des explosifs, etc. Le directeur de la mine est tenu d'aviser immédiatement l'autorité de tout accident de personne ou de travail arrivé dans la mine. Si la mine emploie plus de 100 ouvriers, elle est tenue d'installer pour eux une ambulance et, en tout cas, elle doit avoir à sa disposition ce qui est nécessaire pour soigner ou transporter les blessés.

La loi prescrit qu'un extrait contenant les dispositions qui intéressent les ouvriers doit être affiché dans les mines d'une façon facilement visible. Pour les ouvriers qui ne savent pas lire, comme la plupart des ouvriers noirs, elle oblige celui qui est chargé de leur surveillance de porter cet extrait à leur connaissance.

La loi défend tout travail souterrain aux femmes, ainsi qu'aux garçons âgés de moins de douze ans, tant blancs que de couleur. Elle contient l'obligation du repos dominical. Elle prescrit qu'il doit y avoir, à l'orifice de la mine, un local autre que celui des chaudières où les ouvriers peuvent se laver et changer de vêtements. La loi défend l'entrée des mines à toute personne prise de boisson, elle défend l'introduction dans la mine de boissons alcooliques, même en minime quantité, et elle défend également de faire la paye aux mineurs dans un débit de boissons ou à sa proximité.

Je termine sur ces sages précautions humanitaires, espérant que, malgré les nombreuses lacunes de mon exposé, j'ai pu vous inspirer quelques sympathies pour les législateurs du *Volksraad*, qui sont, en même temps, les chefs vaillants de l'armée transvaalienne, et qui sont surtout fiers de se nommer *Boers*, c'est-à-dire cultivateurs de la terre.

13 174. — Paris. Imprimerie LAHURE, 9, rue de Fleurus.

www.ingramcontent.com/pod-product-compliance
Ingram Content Group UK Ltd.
Pitfield, Milton Keynes, MK11 3LW, UK
UKHW020455220726
13923UKWH00006B/2548

9 782019 27394